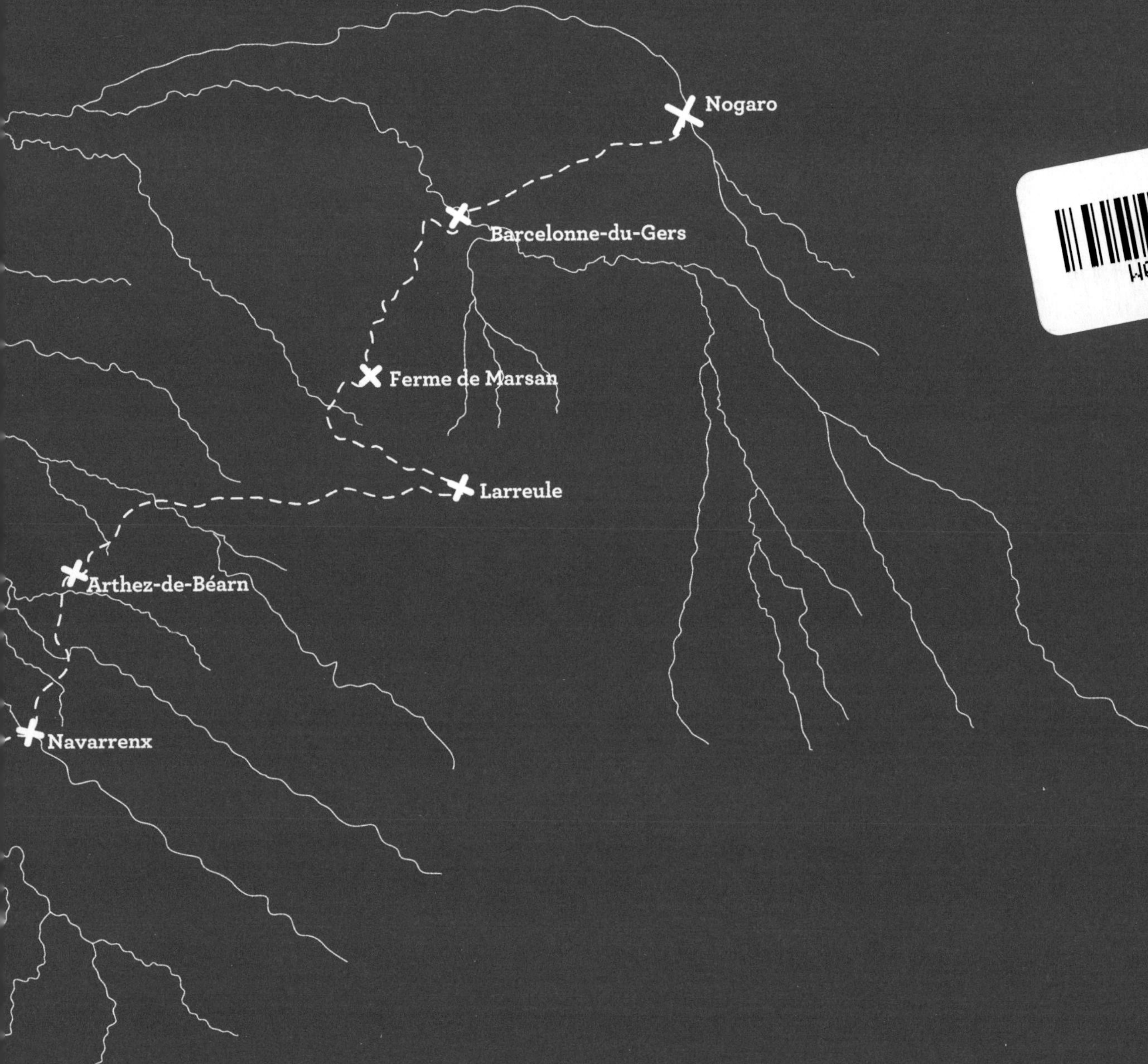
Nogaro
Barcelonne-du-Gers
Ferme de Marsan
Larreule
Arthez-de-Béarn
Navarrenx

Santiago
au pays de
Compostelle

À mon petit Grand Homme Santiago

Merci de me faire grandir et de repousser mes limites
chaque jour. Merci d'être mon maître de la patience.

À moi-même

Parce que « difficile n'est pas impossible ». Même si la peur
me saisit à chaque nouvelle aventure, un pas devant l'autre
et sans jamais regarder trop loin, le noir se dissipe
et la lumière jaillit pour me donner le courage d'avancer.

À Marc-Antoine

Tu es et resteras pour toujours un grand exemple
de courage, de persévérance et grandeur d'âme.

À Eduardo Herran

Tu es celui qui m'a donné la première clé sur mon chemin
d'être humain et de photographe. Tu es celui qui m'a appris
à respecter et à être en communion avec la Pachamama.
Aujourd'hui tu es parti pour l'Autre monde mais tu es
pour toujours dans mon cœur et dans le cœur de la terre.

Santiago
au pays de Compostelle

Chemin initiatique d'un petit homme

Céline Anaya Gautier

Éditions
de La Martinière

Avant-propos

Accompagner ses enfants quand on ne connaît rien au métier de parent, c'est escalader une montagne dans le brouillard sans jamais entrevoir le sommet. À l'instant où j'ai compris que guider Santiago sur le chemin de sa vie, c'était accepter de le voir comme un être à part entière et non comme une extension de mon petit nombril, j'ai compris que l'on m'avait confié une vie. Que mon devoir n'était pas que de l'élever pour qu'il vive dans une société, mais de l'aider à s'élever vers le plus haut sommet de ses propres hauteurs. Cela ne pouvait se faire dans la quiétude d'un cocon familial où les murs seraient bordés de coussins aussi moelleux qu'une guimauve, pour qu'il ne lui arrive jamais rien. Il fallait qu'il se confronte à lui-même, à ses limites, ses peurs, ses doutes et ses échecs, mais il fallait aussi que je sois près de lui, pour qu'il puisse s'appuyer sur moi quand il serait fatigué ou qu'il se sentirait perdu.

Comment lui parler de dépassement de soi, de spiritualité, de force intérieure, de philosophie, de foi, d'âmes guerrières et d'amour de la nature dans une société où l'humain se coupe de plus en plus de son humanité ? Une société où être et avoir ne riment plus qu'avec apparences et possessions. J'ai eu la chance de grandir entre les Andes péruviennes, la jungle amazonienne, la haute bourgeoisie péruvienne, les barres d'immeubles d'une cité de banlieue et la campagne française, à Aubigny-sur-Nère, chez mes grands-parents, qui étaient agriculteurs et fermiers. Tous ces univers m'ont permis d'acquérir une lecture particulière de la vie, de la spiritualité et du sens que nous devons donner à la somme de nos actes.

C'est pour toutes ces raisons qu'il me semble juste de transmettre à mes enfants, et maintenant à Santiago, l'importance vitale des rituels de passage de nos sociétés anciennes, aujourd'hui fourvoyés. Marquer chacune des grandes étapes de son évolution pour qu'il comprenne que sa vie est précieuse et importante. Pour qu'il prenne conscience que comme tout être humain il est souverain, et qu'il ne doit pas se contenter de ce que la société lui impose. Que son devoir est de chercher et trouver sa place parmi les autres êtres humains, que la vie n'est pas une accumulation de jours successifs qui nous servent à être productifs, sans autre fin ultime que la mort. Chaque instant, chaque période de notre existence nous amènent à surmonter des épreuves. Et nous devons rester éveillés et accepter que, pour grandir, il faut affronter ses propres démons.

J'ai souhaité que Santiago prenne les commandes de sa vie, non pas à dix-huit ans, mais à l'instant où il prenait conscience que pour vivre il était seul à décider de respirer.

Il fallait qu'il soit assez jeune pour accepter que je sois à ses côtés, dans ses réflexions, pour l'aider à ne pas perdre son étoile du nord, mais suffisamment âgé pour que son corps soit capable de se dépasser et son esprit reste à jamais gravé par son rituel de passage. C'est ainsi qu'à l'âge de sept ans, il a lui-même choisi de partir marcher 1 200 kilomètres sur son chemin, le chemin de Compostelle, dont je suis une habituée. Après lui avoir répété, depuis tout petit, que difficile n'est pas impossible, il était impossible pour moi de dire NON ! Malgré les hésitations et les critiques qui nous entouraient avant notre départ, je n'ai jamais douté de ses capacités à donner le meilleur de lui-même. Alors un pas devant l'autre, nous avons commencé notre chemin, et jamais je n'aurais imaginé récolter autant de richesses dans cette aventure, jusqu'à ce jour.

Céline Anaya Gautier
dite « Hija del Camino »

“Je m’appelle Santiago, j’habite à Fontainebleau, près de Paris. Ma maman est franco-péruvienne, et moi je suis à la fois français, espagnol et péruvien.
Au Pérou, à l’âge de sept ans, les enfants indiens font un rituel pour devenir des petits hommes. Je dois apprendre à affronter mes peurs et à me surpasser. Je dois aussi choisir mon épreuve.
Alors j’ai choisi de marcher sur mon chemin, le chemin de Santiago de Compostelle. Au début, je ne devais faire que le passage des Pyrénées, mais j’ai voulu marcher plus de mille kilomètres. Alors, on est parti de Nogaro et on va jusqu’à Fisterra, et peut-être même jusqu’à Muxía. Parce que difficile n’est pas impossible...”

Santiago
dit « Plume d’œuf »

Liste de choses essentielles écrite par Santiago avant notre départ

- 1 brosse à dents
- 1 dentifrice
- 1 savon
- 1 Rubik's Cube
- 1 livre sans image
- 1 livre avec images
- 2 pantalons
- 2 tee-shirts
- 1 couteau suisse
- 1 boussole
- Crayons de couleur
- 1 cahier pour écrire
- 18 paires de chaussettes
- 18 slips
- 1 paire de tongs
- Des chaussures de marche
- 1 serviette pour me sécher
- 1 maillot de bain
- Des Carambar avec des blagues
- 1 appareil photo comme maman
- 1 sac à dos

La symbolique du nombre 18 à propos de ses slips et paires de chaussettes restera à jamais un grand mystère. Quand je lui ai demandé la raison de ce nombre, il m'a juste répondu :

« Parce que c'est essentiel pour moi ! »

Les étapes du chemin

Nogaro – Barcelonne-du-Gers : **22 km**
Barcelonne-du-Gers – Ferme de Marsan (Sensacq) : **26 km**
Ferme de Marsan (Sensacq) – Larreule : **21 km**
Lareulle – Arthez-de-Béarn : **22,1 km**
Arthez-de-Béarn – Navarrenx : **31,7 km**
Navarrenx – Aroue : **23 km**
Aroue – Larceveau : **31 km**
Larceveau – Orisson : **24 km**
Orisson – Ronceveaux : **19,5 km**
Ronceveaux – Zurivi : **23,7 km**
Zurivi – Cizur Menor : **24,3 km**
Cizur Menor – Puente la Reina : **22,7 km**
Puente la Reina – Estella : **23,3 km**
Estella – Los Arcos : **24 km**
Los Arcos – Logroño : **31 km**
Logroño – Nájera : **30,1 km**
Nájera – Santo Domingo de la Calzada : **24,5 km**
Santo Domingo de la Calzada – Tosantos : **31,2 km**
Tosantos – Atapuerca : **25,7 km**
Atapuerca – Tardajos : **31,1 km**
Tardajos – Hontanas : **27,9 km**
Hontanas – Boadilla del Camino : **29 km**
Boadilla del Camino – Carrión de los Condes : **28 km**
Carrión de los Condes – Terradillo de los Templarios : **26,3 km**
Terradillo de los Templarios – El Burgo Ranero : **32,1 km**
El Burgo Ranero – Arcahueja : **29,2 km**
Arcahueja – Villandangos del Páramo : **30,2 km**
Villandangos del Páramo – Murias de Rechivaldo : **32,6 km**
Murias de Rechivaldo – Foncebadón : **25,2 km**
Foncebadón – Ponferrada : **28,6 km**
Ponferrada – Pereje : **28,6 km**
Pereje – Fonfría : **30 km**
Fonfría – Sarria : **32,2 km**
Sarria – Portomarín : **26,6 km**
Portomarín – Palas de Rei : **27,5 km**
Palas de Rei – Arzúa : **31 km**
Arzúa – Pedrouzo : **26,2 km**
Pedrouzo – Santiago de Compostela : **21 km**
Santiago de Compostela – Negreira : **22,8 km**
Negreira – Olveiroa : **34 km**
Olveiroa – Fisterra : **36 km**

Nogaro – Fisterra,
1 117,8 km, 1 500 000 pas, 42 jours de marche.

Nos kilomètres font état de ce que l'on a marché réellement, et ne sont nullement le reflet des kilomètres indiqués dans les guides. Les oublis, les jeux et les détours ont considérablement rallongé notre route. Santiago, quant à lui, a dû doubler son temps de marche compte tenu de ses incessants allers et retours quotidiens.

- Maman, ça fait mal.
- Oui, mais tu es en train d'apprendre. Tu ne vas pas te priver de ton couteau suisse parce que tu as mal ?
- Bien sûr que non, il est à moi et je le garde, je vais y arriver !
- Par contre, plus tu apprendras de tes erreurs, et moins tu te couperas.
- Oui, sinon je vais perdre beaucoup de sang et je ne pourrai pas utiliser mes mains.
- Eh bien, sache que la vie, c'est pareil. Quand tu n'es pas attentif aux leçons qu'elle te donne et que tu n'assimiles pas les conséquences que peuvent avoir tes actes, elle recommence jusqu'à ce que tu comprennes.

N.A.V.Y

- Maman, ça y est, on y est, on commence, je vais passer mon passage de petit homme. Mais je voyais ça tout de même un peu plus vert comme chemin.
- Mon amour, le Chemin, c'est comme la vie, ne t'inquiète pas, il y aura de tout !

Nogaro - 0 km

- Santiago, tu dois être intimement persuadé et avoir une foi aveugle : quand tu auras besoin de quelque chose sur ton chemin de vie, si cela est juste, la vie te le donnera. Le plus difficile est d'être juste dans nos demandes et dans nos besoins.

vers Barcelonne-du-Gers / 22 km

- J'aimerais que tu te souviennes que chaque jour passé sur le Chemin est un cadeau, et que chaque jour de marche est un jour de gagné. Et surtout, n'oublie pas que même si je crois en toi, et que je n'ai aucun doute sur tes capacités, l'échec est toujours possible dans une aventure comme celle-ci.
- Je ne comprends pas.
- Eh bien, quand je commence un reportage photo ou une aventure personnelle, je sais que je peux contrôler ma volonté, mes envies, mes désirs, mais je ne sais pas les épreuves que la vie me réserve ni si je pourrai les surmonter, même si je fais tout pour y arriver. Concrètement, aujourd'hui nous ne pouvons pas savoir comment ton corps et le mien vont supporter l'épreuve. Tu peux avoir toute la volonté du monde, tu ne maîtrises pas toutes les données de notre aventure.
- Mais ça voudrait dire que j'aurais échoué ? Que je n'aurais pas réussi mon passage de petit homme ?
- Le seul fait que tu aies envisagé d'être capable d'aller au bout de ton aventure, sans jamais flancher dans ta détermination, fait de toi un petit grand homme. Maintenant, nous devons vivre l'instant présent et ne plus penser au but, juste vivre et se laisser vivre. Profite de tout ce que t'offre le Chemin.
- Oui, maman.

“Ce qui est très très dur rend très très fort.” L'Alchimiste de Navarrenx

« L'audace d'y croire et le courage de le faire. » L'Alchimiste de Navarrenx

Canon

vers Arthez-de-Béarn - 91,1 km

- Allez, sois courageux, ça va passer, ce n'est rien.
- Tu dis que ce n'est rien mais ce n'est pas toi qui as mal !
- Alors c'est très grave et tu vas perdre ton oreille. C'est mieux comme ça ?
- N'importe quoi !

35

- Maman, mon bâton ! Je l'ai oublié ! Sans mon bâton, je ne serai pas un vrai pèlerin.
- Santiago, tu étais responsable de ton bâton.
- S'il te plaît, on peut aller le chercher ?
- Chéri, on ne peut pas aller le chercher. Et puis, si tu l'as oublié, c'est qu'il y a forcément un autre bâton qui t'attend quelque part sur le Chemin.

> “ Mais maman, je ne peux pas commencer le Chemin sans mon bâton ! ”

- Écoute, Santiago, n'insiste pas et fais-moi confiance… Tu sais, on dit que le Chemin débute à l'instant même où l'on décide de l'entreprendre. De toute façon, on ne peut rien y changer maintenant, alors accepte-le et dis-toi que tu en trouveras un sur le Chemin. Tu feras attention la prochaine fois. Ça ne sert à rien de ruminer cette histoire. Plus vite tu l'auras accepté, plus vite tu t'en remettras.

Ce sont peut-être là ses derniers instants d'enfance où je pourrai l'approcher comme un enfant qui reconnaît l'amour de sa mère.

Nous nous enfonçons dans la pénombre, qui nous guette et nous avale. Nous marchons en silence, la tête basse, blottis dans nos capuches. Un subtil combat entre l'obscurité et la lumière commence. Ce moment où les songes peuvent, si vous êtes attentif, vous délivrer des messages. Une fenêtre ouverte entre le réel et d'autres mondes. La frontière est si ténue que le goudron sous nos pas s'efface progressivement pour laisser place à l'épaisseur de la brume. Le silence, l'humidité, les ombres, la pluie fine, le réveil des oiseaux, tout nous accompagne.
Santiago ne dit pas un mot. Il marche en silence à ma droite, tout près de moi. Je peux sentir sa respiration se mêler aux bruits de la nature. Il observe, il savoure, il déguste, il inhale de tout son petit corps et ne perd pas une miette de ce spectacle grandeur nature. Nous sommes seuls sur cette route au milieu de nulle part. Il vient se coller délicatement à mon bras droit et me prend la main. La sienne est douce et chaude. Je peux sentir son énergie et son amour. Encore une frontière entre l'enfant et le petit homme. Il me glisse tout doucement :

« Maman, c'est magnifique. »

Il chuchote à mon oreille de peur de troubler la beauté qui nous entoure, que le son de sa petite voix ne fasse disparaître ce moment de grâce offert par la Pachamama. Tout autant que moi, il a conscience de la chance que nous avons d'être au monde, et d'être là, à cet instant présent. C'est un cadeau. Le cadeau de ce moment que nous partageons.

Au fur et à mesure que la lumière gagne son combat, les arbres, les champs, les fougères, les fleurs se révèlent comme des ombres sous un voile de brouillard qui laisse deviner la puissance du dieu Soleil. La lumière et la rosée du matin dessinent et illuminent les toiles d'araignée dans les ronces. Des fils d'argent scintillent sur les herbes folles du matin. Dans cette toile de maître, un monstre de fer énorme apparaît sur nos têtes sans crier gare – des pylônes de haute tension. Leur crépitement vient rompre l'équilibre parfait qu'il y a entre chaque son. La fenêtre du réel nous rattrape et nous attache à la terre. La brume se dissipe et un rayon de soleil vient illuminer les champs sur notre gauche. Ultime seconde magique : les chants et le survol sur nos têtes de trois cygnes en file indienne. Ultime vision de ce rêve éveillé…

- Dis maman, c'est quoi exactement la Pachamama ?
- La Pachamama, dans la cosmogonie andine, c'est la Terre-Mère, déesse de la fertilité. *Pacha* signifie « terre, cosmos, temps ou espace » en aymara et en quechua, et *mama* veut dire « mère ». Les Indiens d'Amérique du Sud, comme au Pérou par exemple, croient en la Pachamama et la vénèrent. Il faut que tu gardes précieusement en toi que la Pachamama, les Quechuas et les Incas constituent tes origines péruviennes, Santiago. C'est pour cela que ton deuxième prénom est Inti. Le dieu Soleil. Je l'ai choisi pour que tu n'oublies jamais d'où tu viens. Tes origines te diront toujours qui tu es au plus profond de toi.

“ Savoir qui tu es pour savoir où tu vas fait partie de ton passage de petit homme. ”

- Maman, tu sais que les arbres sont très vieux et très sages ? Ils écoutent et savent tout. Ils ne parlent pas notre langue mais nous délivrent des messages. Une forêt peut être ensorcelée ou magique selon la couleur de ton cœur.
- C'est beau ce que tu dis là... Je me demande vraiment où tu vas chercher tout ça !
- Viens, baisse-toi.

À genoux devant lui, sa petite main sur mon cœur, avec un sérieux et un aplomb sans égal, il me dit :

“ Ici, maman. Tout est ici. ”

CHEMIN des ETOILES
ARBRE du PELERIN
Vignes

*“ Un pas devant l’autre sans regarder trop loin,
nous arriverons à notre destin. ”*

N D de LOURDES
ORATOIRE
d' ARAUX

- Santiago, tu sais ce que c'est qu'un alchimiste ?
- Un scientifique ?
- Oui, en quelque sorte, mais avec une pointe de spiritualité. Tu te souviens de la pierre philosophale dans *Harry Potter* ?
- Oui. C'est la pierre qui permet d'avoir « la vie éternelle »?
- Oui. Eh bien, un alchimiste est un initié qui pratique une discipline ayant pour but, entre autres, de transformer des métaux comme le plomb en or et en argent, ou encore de concocter un élixir de jouvence à partir de la pierre philosophale. Santiago, nous sommes tous un peu des alchimistes. Il nous suffit de transformer les mauvaises expériences de la vie ou les sentiments négatifs comme la peur, la tristesse, la haine et la rancœur en sentiments positifs et qualités comme le courage, l'amour, la force, la tolérance et la patience.

“ Il est plus difficile de se transformer soi-même que d'essayer de transformer les autres. ”

Chercher cette transformation fera de toi un alchimiste, le plus grand de tous, puisque tu transformeras ton être de l'intérieur.

- Maman, maman, j'ai peur, j'ai peur...
- De quoi as-tu peur ?
- De la mort. Je ne veux pas mourir.
- Chéri, il y a des morts à chaque seconde sur la terre, mais aussi des naissances ; c'est le cycle de la vie, c'est ainsi et tu ne peux rien y changer. Tu dois l'accepter.
- Mais maman, depuis que l'on est parti tout le monde meurt. Tes amis, les enfants des gens que l'on rencontre, un oiseau... C'est trop !

“Deux amis escargots voient passer une limace, l'un dit à l'autre : waouuuuh, quelle belle décapotable ! ”

Blague Carambar !

Comment accompagner un enfant sur son chemin de vie sans croire en lui ? Nos enfants ne reproduisent pas nécessairement nos limites, ils sont capables de tout, du moins de tout ce que nous leur permettrons d'accomplir. Leur grandeur sera à l'image de la vision que nous avons d'eux.

« Tout est dans ta tête, mon amour. Dans la vie, tu iras là où tu crois que tu pourras aller, tu es le seul à te fixer des limites. Tu es ton plus grand obstacle, alors crois en toi et tue tes doutes. Lorsque tu seras toi-même convaincu que c'est possible, alors tu pourras convaincre les autres. »

- Maman, je peux le prendre ?
- Eh bien, je pense que oui, mais tu peux te recueillir à nouveau et demander à la croix si tu peux emmener le bâton jusqu'à Saint-Jacques.
- Ça y est, maman, je suis un vrai pèlerin, j'ai mon bourdon. J'irai jusqu'à Compostelle, et même jusqu'à Fisterra. Je te le promets.
- C'est à toi seul que tu dois faire cette promesse. C'est ton passage, pas le mien.

– Maman, on est bientôt arrivé ?

Le petit homme a laissé place au petit poussin. Il a une petite voix et se colle à mon bras. C'est le signe qu'il est vraiment fatigué.

– Courage, mon chéri, il ne nous reste plus que quatre kilomètres…

- On peut faire une pause, maman ? Je suis fatigué, je n'en peux plus.
- Non, mon chéri, il faut avancer.
- Mais il fait trop chaud !
- Je sais, c'est pour cela qu'il faut avancer. Aujourd'hui, tu devras te surpasser et chercher au plus profond de toi la force du petit guerrier.
- Mais je n'en peux plus !
- Eh bien, sur le Chemin tu apprendras que, même quand tu n'en peux plus, tu peux encore !

CHEMIN
DE SAINT-JACQUES
GÎTES JUMELÉS
LINE

- Chéri, tu viens de traverser le sud de la France, les Pyrénées, tu es un champion, tu ne dois avoir honte de rien. Va jouer maintenant avec le petit garçon.
- Non, ça va aller, maman.

> « Écoute bien, Sénèque a dit : ce n'est pas parce que c'est difficile qu'on n'ose pas, c'est parce qu'on n'ose pas que tout devient difficile. »

- Qu'est-ce qu'il en sait, Sénèque ? Il n'était peut-être pas timide, lui.
- Oui, tu as raison, il n'était peut-être pas timide. Mais l'important c'est qu'il te donne une clé précieuse pour ouvrir une porte dans ta vie. Tu es timide, mais ce n'est pas une tare, c'est juste un combat que tu dois mener contre toi-même. Dans la vie, tu seras toujours ton plus grand frein. Le plus dur, c'est d'identifier ses peurs et de les affronter. Nous sommes sur le chemin de Compostelle, et aussi banale que puisse paraître cette épreuve — aller jouer au ballon avec un petit garçon —, elle est importante pour toi parce qu'elle crée une souffrance en toi. Celle de te priver d'un moment sympa par peur d'être rejeté ou jugé. Ce sera d'ailleurs l'une des épreuves que tu devras surmonter sur le Chemin pour réussir ton passage : plus vite tu te feras violence, plus vite tu passeras à autre chose.
- Qu'est-ce que tu racontes ? je n'ai pas du tout envie d'y aller !
- Santiago, je t'ai porté neuf mois dans mon ventre et ça fait sept ans que je te vois grandir. Même si je ne te connais pas par cœur, je te connais un petit peu. Maintenant, je t'ai dit ce que j'avais à dire. C'est à toi de faire tes choix et de faire ton examen de conscience pour savoir si tu es honnête avec toi-même ou si tu essayes de te berner. Je ne te dirai plus rien, c'est ta vie, ce sont tes choix, pas les miens.

J'y vais peut-être un peu fort en le bousculant, après vingt-huit bornes et plus de huit heures de marche, mais la vie nous inflige des épreuves et on ne choisit pas le moment. C'est maintenant ou jamais. Il doit y faire front. Je le vois ruminer, tergiverser, par deux fois il est à deux doigts de se lever mais finalement se ravise. Au terme de vingt minutes d'une rude bataille avec lui-même, il pousse sa chaise d'un coup et, d'un air déterminé, traverse le restaurant, enfile ses chaussures de marche et sort jouer au foot avec son nouveau copain. Encore une fois, je suis fière de lui, et la vie me donne raison. Sur cette belle image, nous quittons la France.

Aujourd'hui, Santiago est connecté au monde, et moi à mon esprit. C'est la première fois qu'il se détache pour marcher seul et loin de moi. Son bâton s'anime. Il le prend plus pour un sabre de Ninja que pour un bourdon.

L'étape des Pyrénées est importante dans le processus du chemin vers Compostelle. Elle brise en même temps qu'elle fait miroiter les merveilles de la nature qui nous attendent tout le long.
C'est ici qu'a lieu une transformation intérieure qui marque le début du chemin. Le corps et l'esprit, de façon dissociée et malgré nous, reconnaissent le Chemin. Un chemin millénaire qui, par le poids des pas qu'il porte, ouvre l'homme au cœur de son âme. Un parcours initiatique, un cadeau de l'Univers que l'homme ne sait plus ni lire ni décrypter. C'est un jeu à taille humaine et à ciel ouvert où, depuis la nuit des temps, l'Homme y joue l'avancée de son esprit ou l'emprisonnement de son âme par ses doutes et ses peurs. Un jeu à portée de main, longtemps resté à la vue de tous mais comme en sommeil. Un chemin d'alchimie qui transforme l'homme en Homme.

“C'est ici et maintenant que commence le défi.”

Marcher sur le chemin de Compostelle, c'est marcher à l'intérieur de l'Univers et se confronter à soi. Le Chemin a ses propres règles, ses épreuves, ses embûches et ses maigres récompenses. Je ne sais pourquoi notre esprit se défend de voir ce qui lui est dû et qui le ferait grandir. Notre société tue l'esprit pour faire de l'homme un automate, un soldat déprimé et soumis. Mais l'homme se réveille et veut s'en défendre. C'est au pèlerin de trouver le juste équilibre, le juste pas pour que corps et esprit en symbiose voient à travers l'œil de la nature la perfection de la Création. Tout est là, à portée de main, mais peu de pèlerins donneront la juste cadence à leurs pas. Chacun son chemin.

Marcher sur la Voie lactée, c'est marcher sur le fil d'argent qui nous unit tous. C'est revenir à la source et se connecter à l'Univers pour être et non avoir. Celui qui chemine en lui explosera de lumière. Le jeu de Compostelle est une épreuve, un jeu d'endurance et de « dé-maîtrise » de soi. Désapprendre la société pour apprendre la vie et non apprivoiser juste les sens. La mémoire cellulaire ne dépend pas de nous, c'est un héritage que nous portons. Nous devons la déchiffrer pour mieux cheminer.
Pour Santiago et pour moi. Notre chemin est celui d'un enfant qui veut devenir un petit homme, d'une maman qui doit apprendre à laisser grandir son enfant et d'un binôme qui doit trouver sa cadence pour ne pas détruire les pas de l'autre.

“Maman ! Au secours, maman ! Maman !”

Santiago s'accroche à moi en criant.

- Je ne peux pas maman, je ne peux pas !
- Calme-toi, mon chéri. Tu ne peux pas quoi ?
- Je ne peux pas affronter ma peur, j'ai peur de la mort !
- Il va falloir dépasser ça aussi. Souviens-toi que tu es là pour ça.

Il ne veut pas me lâcher et s'agrippe à moi comme à une bouée. Avant de me lancer une fois encore dans de grandes explications, je jette mon sac à dos à terre.

- Eh bien, tu vas te retourner tout de suite et tu vas affronter ta peur. Une fois que tu l'auras regardée en face, tu n'auras plus jamais peur, parce que tu sauras qu'il ne va rien t'arriver. Que la vie continuera et que tu l'auras dépassée, donc tu ne seras plus à sa merci et tu l'auras vaincue. Comme ta peur du noir. Une fois que tu l'as surmontée, tu ne m'as plus jamais appelée, et tu es passé à autre chose, tu as évolué. Alors plus vite ce sera fait, mieux ce sera, pour toi. Pas pour moi.
- Mais j'ai peur.
- Oui, c'est justement pour ça que tu dois l'affronter. Il n'y a pas de courage sans peur. C'est normal et sain d'avoir peur. Tout le monde a peur de quelque chose. Moi aussi j'ai peur devant les nouvelles épreuves de la vie. Tu es courageux et tu vas y arriver, parce que tu es mon fils, que je crois en toi et que je sais que tu peux le faire.

Comme quand il était petit, il serre ses poings et ferme les yeux en murmurant : « Difficile n'est pas impossible, difficile n'est pas impossible... » Il se retourne peu à peu et rouvre les yeux doucement. Il se retrouve nez à nez avec les deux carcasses.

- Maman, j'y suis arrivé, j'ai réussi, j'ai affronté ma peur et j'ai gagné ! Maman, je suis courageux, j'ai réussi.

Santiago décide de prendre l'appareil photo et de photographier ce moment de dépassement sous tous les angles pour l'immortaliser.

- Ça y est, l'Espagne est devant nous, juste à la stèle. Celle où sont gravés sur la pierre les mots NAVARRA et NAVARROA. Nous sommes à la frontière. L'endroit où je vais devoir te poser la question que tu détestes mais je suis obligée de la formuler pour ton bien et pour le mien. Avant d'aller plus loin, je veux te parler. C'est ici que tu avais envisagé la fin de ton chemin. Au début de l'Espagne.
- Arrête, maman.
- Écoute-moi, et ne m'interromps pas. C'est ici que tu avais prévu de terminer ton chemin. Moi, c'est ici que j'avais imaginé que se déroulerait ton passage de petit homme. Alors tu as le choix. Soit tu décides d'arrêter ici et tu auras tout de même réussi car nous venons de parcourir au moins deux cents kilomètres, ce qui n'est pas rien. Soit tu décides d'aller jusqu'à Compostelle, puis jusqu'au bout de la terre. Si tu décides d'aller au bout, je te pousserai, même dans les moments les plus difficiles, pour que tu réussisses ton défi. Si tu veux, on peut s'arrêter aux portes de l'Espagne.
- Et si j'arrête ici et que je vais à la plage en Espagne avec papa ?
- Eh bien, le premier jour tu seras heureux, le second aussi, et peut-être même le troisième, mais après tu te demanderas ce qui serait arrivé si tu étais allé jusqu'au bout. Tu seras peut-être déçu de toi-même parce que tu étais en mesure de le faire et que tu ne l'as pas fait par manque de courage. Je ne t'ai jamais dit qu'un passage de petit homme, c'était des vacances. Au contraire, c'est dur, et c'est parce que c'est dur que tu seras fier de toi. Fier de te rendre compte que dans la vie tout est possible et que tu es capable de faire tout ce que tu te proposes de faire.
- Et toi, tu seras déçue par moi ?
- Tu veux que je te dise ? Si tu t'arrêtes parce que tu as mal quelque part ou parce que tu as été au bout de tes forces, je serai fière de toi. Si tu t'arrêtes parce que tu préfères aller jouer à la plage, je respecterai ton choix mais je serai déçue parce que tu n'auras pas été au bout de tes engagements, par facilité. Mais c'est à toi que revient ce choix, et c'est toi qui devras vivre avec, pas moi.

Santiago chemine dans son monde intérieur, il est imperturbable, il a une décision à prendre. Il ne savait pas ce que c'était que de marcher, ce n'était alors qu'un concept. Maintenant il sait, il est venu, il a vu. Il devra choisir en conscience.

> « Que penseront mes amis de moi si j'abandonne ? »

- Cela n'a aucune importance, Santiago. Ce qui importe c'est ce que toi tu penses de toi-même. Les autres ne sont pas ton chemin, à chacun ses propres pas. Si tu dois prendre une décision, regarde dans ton cœur et tu trouveras la solution. Quel que soit ton choix, tu devras l'assumer jusqu'au bout, et tu seras seul, alors ne t'inquiète jamais de ce que pensent les autres de toi !

- Tu vois, chéri, c'est là-bas que l'on va, au bout de la terre. On va devoir traverser des montagnes, des plaines, des rivières et des forêts pour que tu réussisses ton passage de petit homme. Et je te promets que nous allons vivre plein d'aventures. Je suis fière de toi.

“ Moi aussi je suis fier de toi, maman. ”

Ce matin, au lever, impossible de l'aider ou de l'approcher. Il ne veut rien savoir. Imaginez ce que peut ressentir une mère devant les premiers signes clairs d'indépendance de son enfant.
Il met sa main à plat, devant mon visage pour me dire :

“ Stop, laisse-moi vivre, respecte mon espace vital, ici, tu n'es plus la bienvenue. ”

C'est la première fois qu'il me parle comme ça. Il n'a été ni insolent, ni mal élevé, ni impoli. Il a juste été clair et net sur ce qu'il voulait, comme un petit homme. Je suis blessée, je me sens inutile et stupide, mais je ne dis rien, je digère en silence et j'avance. Il a raison, je dois le laisser faire. Mais c'est tout à coup étrange de voir son bébé grandir et se détacher. Cela fait sept ans que toute ma vie, mes pensées, mes angoisses et mes journées tournent autour de ce petit être. Et ici, maintenant, d'un coup, sans préavis, il met un terme à notre « vie commune » où je décidais de tout pour lui. En même temps, nous sommes là pour ça, non ? Céline, réveille-toi, l'heure de l'indépendance a sonné !

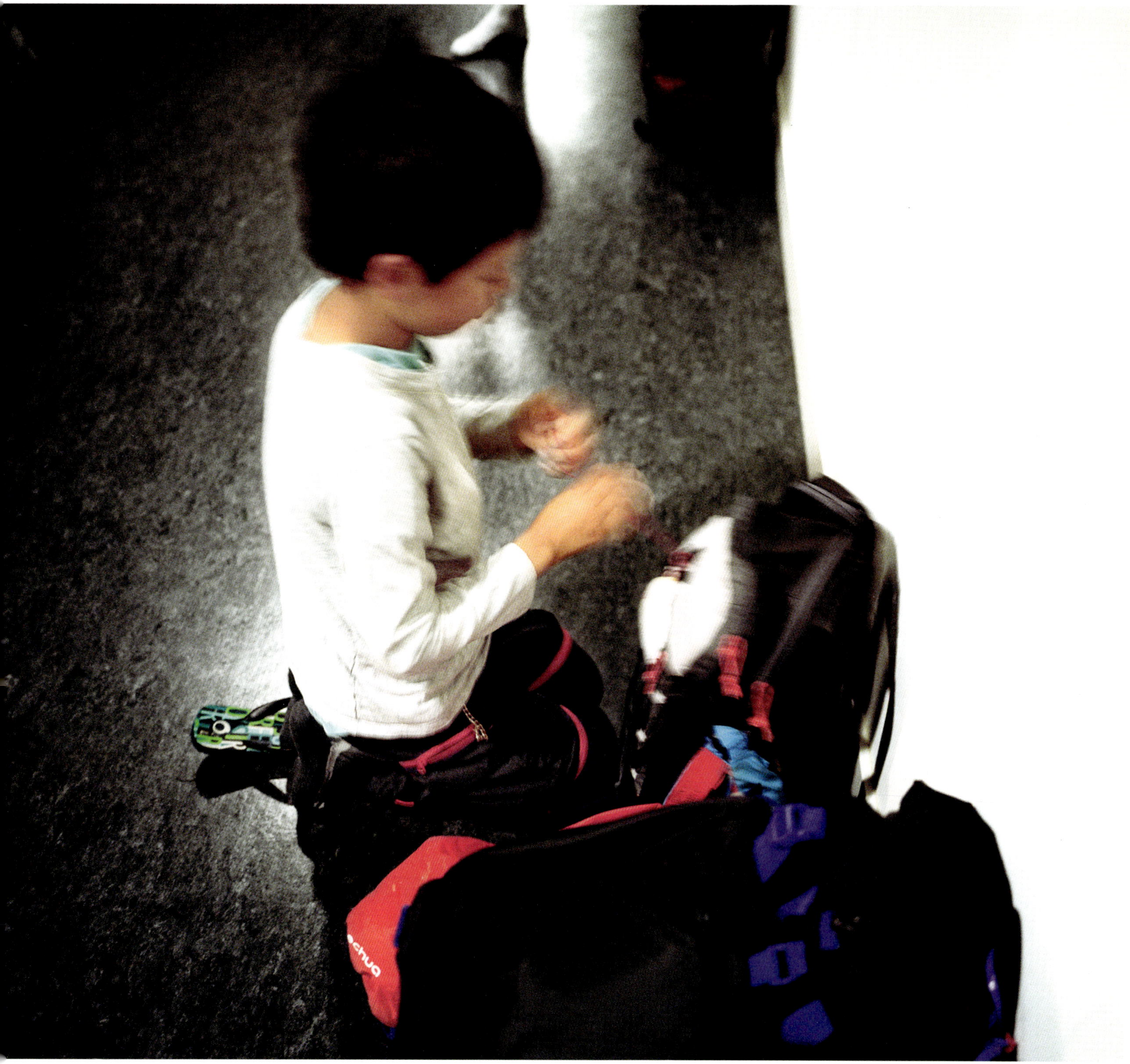

SANTIAGO DE COMPOSTELA 790
N-135
km
47

Toute la matinée, il marche loin de moi. Il marche vite et cherche la présence des hommes. Il ne veut ni parler, ni philosopher, ni jouer, il ne veut rien de moi. Il se faufile entre les hommes, les bouscule presque, il est loin de moi, mais je peux sentir son énergie, son souffle cadencer au rythme de son énervement. Il arrive à se mettre devant eux, il est victorieux. Je ne comprends pas quelle mouche l'a piqué...

« Il veut être le premier, non pas des pèlerins, mais des hommes. »

Nous marchons l'un à côté de l'autre en silence. Enfermés dans nos capuches de K-Way, la pluie continue à nous tomber dessus sans répit. Aujourd'hui, il s'enferme dans son monde et m'évite toute la journée. Je fais de même. Est-ce le processus naturel du détachement d'une mère et de son enfant ? Je n'en ai aucune idée parce que c'est mon premier. J'apprends sur le tas, au fur et à mesure, mon boulot de maman.

Sans dire un mot, il avance dans la brume, il se détache encore et encore de moi, il coupe le cordon sans préavis, sans demander la permission. J'ai envie de lui crier : « Je ne suis pas prête, ce n'est pas facile pour moi, attends-moi ! » Ce n'était pas prévu comme ça dans ma tête. D'un autre côté, est-ce que les hommes ont leurs mères collées à eux vingt-quatre heures sur vingt-quatre ? Non, bien évidemment !

Finalement, faire le chemin avec son enfant, c'est comme dans la vie de tous les jours. On veut le façonner à notre image, lui faire emprunter la route que nous avons nous-mêmes empruntée. Mais il a sa propre histoire et son propre chemin. Je dois rester en retrait et le laisser trouver son propre chemin.

“Pourquoi son fils est mort, maman ?”

- Je ne sais pas, il ne nous l'a pas dit.
- Mais il devait être très jeune. Tu m'as dit que, avant que tu meures, je devais avoir des enfants, et que mes enfants devaient avoir des enfants, et même peut-être que je pourrais connaître les enfants de mes petits-enfants. Lui, il n'a même pas eu le temps d'avoir un enfant.
- Parfois dans la vie on peut avoir des accidents. C'est pour ça que la vie est précieuse et qu'il faut faire attention à soi. C'est aussi pour ça que je te dis que ton corps t'appartient, que c'est comme ta voiture dans cette vie ; il faut que tu en prennes soin.
- Il y a beaucoup de morts depuis qu'on est parti sur le chemin de Saint-Jacques, maman.
- Oui, mon amour, la mort fait partie de la vie, c'est comme ça et l'on n'y peut rien, il faut l'accepter pour mieux avancer.

- Merci, maman, tu es la meilleure maman du monde.
- Ah bon ? J'aurais presque pensé le contraire. Ça fait trois jours que tu me mènes la vie dure en me disant que je suis la pire maman au monde.
- Non, maman, c'est vrai, tu es une super-maman.
- Je reconnais que je ne suis pas toujours très fun avec toi, mais je ne suis pas parfaite et je fais ce que je peux avec ce que je suis et ce que la vie m'a donné.
- C'est vrai, tu as raison, tu n'es pas toujours très fun, mais tu m'emmènes au bout de la terre. Et ça, c'est mieux qu'être fun…

- Quelle lettre est la plus coupante de l'alphabet ?
- H.
- Quelle est la lettre dont on a besoin quand on a soif ?
- O.
- Quelle est la lettre essentielle à notre vie ?
- M.
- Ah oui, tu as raison dans un sens, je pensais plutôt à R.
- Quelle lettre pue ?
- P ou Q.
- Maman ! Tu n'as pas le droit de dire ça, c'est un gros mot.
- Je suis ta mère et je suis grande, je dis ce que je veux, c'est ça aussi être adulte.

Santiago est mort de rire. Il adore ces moments où je ne suis plus sa maman mais plutôt sa copine.

- Quelle est la lettre de l'alphabet qui te permet de voler ?
- L.
- Quelle est la lettre de l'amour ?
- M.
- Quelle est celle qui te déteste ?
- N.
- Quelle lettre je bois au petit déjeuner ?
- T.

Après, nous passons aux lettres doubles avec, par exemple, BB, KK, PP... L'alphabet n'étant pas infini, notre jeu ne nous servira qu'une fois, mais Santiago interrogera tous les pèlerins francophones du Chemin sur le jeu de l'alphabet.

it's about the
Way
not about the
destination

TEAMO

“Tu sais, maman, si tu passes ton temps à regarder ce que la vie t'a enlevé ou ne t'a pas donné, tu n'as plus d'yeux pour voir ce qu'elle te donne ou ce qu'elle met sur ton chemin...”

– Tu sais mon amour, il y a juste deux choses qui te sont imposées dans la vie : ta naissance et ta mort. Tu ne pourras jamais rien y changer. Par contre, ce qu'il y a entre les deux t'appartient, c'est OPEN BAR ! Alors vis et réalise tous tes rêves. Bien entendu, parfois la vie nous impose des expériences plus ou moins difficiles, mais c'est comme ça. Il faut les accueillir et les dépasser. Plus dures sont nos épreuves, plus grandes sont nos victoires. Même si la maladie ou la souffrance essayent de nous faire flancher, il nous appartient de décider de nous relever et de nous battre. C'est à ce prix que ta vie devient une perpétuelle aventure...

LOGROÑO (norte)
LAGUARDIA
OYON
50

Finalement, la douleur du corps est nettement plus supportable que celle de l'âme. On ne peut accéder à l'intérieur qu'une fois que l'extérieur est apprivoisé. Peut-être est-ce la seule raison pour laquelle certains pèlerins souffrent de blessures durant tout leur chemin. Il faut être prêt à s'affronter. J'ai moi-même reculé et abandonné deux fois le Chemin. Trop dur et trop lourd à porter.

Tout à coup, Santiago s'arrête, il regarde tout autour de lui, tourne sur lui-même. De chaque côté du chemin, des fleurs, de toutes les tailles, de toutes les couleurs, de vrais bouquets champêtres à l'état sauvage.

- Maman, tu sais, depuis ce matin je regarde la nature, je l'observe et je suis arrivé à une conclusion.
- Ah bon ? Dis-moi.

« C'est sûr, aucun scientifique, même le plus intelligent de la terre, ne pourra jamais inventer un truc aussi beau et parfait que la nature et ces fleurs. »

En plus, la beauté de chaque fleur est dans sa différence. Des petites, des grandes, des bleues, des rouges, des vertes, des belles et des moins belles. Mais elles ne se moquent jamais les unes des autres.

Quechua

Photographies prises par Santiago sur le Chemin.

*“Mon Dieu,
Donnez-moi la sérénité
D’accepter
Les choses que je ne puis changer,
Le courage
De changer les choses que je peux,
Et la sagesse
D’en connaître la différence.”*

- Qu'est-ce qui est le plus important ? Ce que les autres pensent de toi ou ce que tu es vraiment ?
- Je sais, maman, mais je suis quand même un peu ce que pensent les autres de moi, non ? En plus, quand les gens se moquent de moi, je suis sensible. Je n'y peux rien, c'est comme ça. Je suis sensible aux moqueries, très sensible même. C'est comme une allergie, ça me fait de la peine dans mon cœur.
- Je comprends, mon chéri, mais malheureusement tu ne pourras jamais empêcher les gens de se moquer de toi. Ou d'avoir une opinion autre que celle que tu as de toi-même. Il faut que tu comprennes que c'est à toi de te forger ta propre image et être indifférent aux moqueries des autres. Sinon, tu seras toujours prisonnier du regard des autres. Tu comprends ?
- Oui, maman, c'est vraiment super tout ce que tu me dis et je le comprends vraiment, mais moi je n'ai que sept ans. C'est difficile pour moi.
- Mais c'est difficile pour tout le monde. Tu sais, entre la théorie et la pratique, il y a un monde. Je te donne des conseils de vie, mais je suis très loin de les appliquer à la lettre tout le temps. Pour moi aussi, c'est difficile parfois de les appliquer. Mais j'essaye, parce que je sais que c'est bon pour moi. Pour ne pas être à la merci du regard des autres.

En fait, aurais-je pu faire ce chemin seule ? Juste avec Santiago ? J'en doute fortement. Le Chemin est parsemé de rencontres et d'anges qui nous accompagnent, me portent et m'aident à avancer avec mon petit homme. Nous sommes tous l'ange de quelqu'un à un moment ou à un autre sur le chemin de la vie.

osprey
airscape

“ Maman, regarde !
C’est les tétons de la Terre ! ”

Une heure et demie du matin. Mon réveil sonne, celui de neuf autres personnes aussi. Je vous laisse imaginer le seuil de tolérance d'un pèlerin épuisé par plusieurs jours de marche et par les ronflements de ses voisins. Les Coréens sont réveillés depuis minuit et demi. Ils ont eu le temps de cuisiner, manger et se préparer. Michel, Alain et Françoise se répartissent les affaires de Santiago.

C'est parti, nous sommes dix-sept : six Coréens, trois Espagnols, un Allemand, un Hollandais, deux Belges, quatre Français, dont Santiago. Deux règles ont été fixées : nous restons tous groupés et quand quelqu'un crie STOP, tout le monde s'arrête. Santiago est très inquiet à cause des loups. Il a très peur. Il a vraiment peur. Moi aussi d'ailleurs, j'ai peur d'un caniche, alors d'un loup… Alain a la bonne idée de lui dire que pour que les loups attaquent, il faut être moins de neuf, donc aucun risque d'être attaqué.

- Ah bon ? Et on est combien ? 1, 2, 3,… 17 ! Ouf ! On est sauvé ! Tu vois Maman, tu n'as aucune raison d'avoir peur.

Tout de suite rassuré, il oublie cette histoire de loups. Moi, pas !

Michel est en tête. Par sa grandeur et sa bienveillance, cette nuit je le rebaptise Moïse. Serge fermera la marche et s'assurera que personne ne se fait croquer par un loup ou s'endort sur le bas-côté. La lune est haute mais pas pleine. Très rapidement nous apercevons la Voie lactée, et la beauté des étoiles filantes nous fait progresser en silence.
Santiago est excité, il va devant, derrière, un coup avec Michel, un coup avec sa maman, un coup avec les Coréens…
Ça y est, nous sommes dans le noir total, plus aucun repère. Le moment fatidique où chacun à tour de rôle éteint sa lampe frontale arrive.

- Ne t'inquiète pas, tout va bien. On ne va pas se faire manger par les loups, Alain t'a dit que nous devions être plus de neuf et nous sommes dix-sept, alors aucun risque.
- Stoooopppppp !… Je veux faire pipi.

« Maman, j'ai peur… »

Un des Coréens dort en marchant, il a vraiment les yeux fermés et déambule en zigzag. Serge est obligé de rester à côté de lui. Santiago le guerrier a laissé place à Santiago le petit poussin, qui pour le coup commence aussi à s'endormir, il est terriblement fatigué…

Il est 5 heures du matin et nous voyons enfin à l'horizon, très timidement, les premières lueurs de l'aube. Michel ouvre la marche, mais c'est Santiago le chef d'orchestre. Seize adultes vont au rythme du petit homme. Au fur et à mesure que le jour se lève, Santiago titube, il s'accroche à ma main, il dort presque debout.

- Maman, je n'en peux vraiment plus. Je m'endors.
- Santiago on ne peut plus s'arrêter, je sais que c'est difficile, mais il fait très froid, on est au milieu de la *meseta*, il faut avancer. C'est maintenant que nous sommes en train de dépasser nos limites. Tu es un champion, tu vas y arriver.

Tout à coup, sans prévenir, Santiago s'arrête. Sa main, appuyée sur son bâton, glisse tout le long. Santiago s'écroule.

- Oh mon Dieu, ça y est, je l'ai tué !
- Stoooooppppp ! crie Françoise.

Moi je faiblis.

Moïse, à une centaine de mètres devant nous, se retourne, tout le monde reste figé sur place. Nous le voyons percer l'obscurité et se frayer un passage pour venir nous rejoindre. Le monde s'est arrêté.

Nous sommes accroupis au pied de Santiago. Michel, gardant son sac sur le dos, se met à croupetons, lui tourne le dos et lui dit de sa voix grave :

- Allez bonhomme, grimpe !

Il s'appuie sur son bâton et monte lentement sur les épaules de Michel. À ce moment précis, Michel doit porter quarante kilos sur le dos. La tête de Santiago est appuyée contre sa tête. Dans le silence, nous les voyons s'éloigner, et à quelques pas de là, Santiago se relève et brise le silence.

- Merci Michel !

Michel portera Santiago sur ses épaules pendant au moins quatre kilomètres. Peu à peu, on le voit reprendre de la force jusqu'à ce qu'il demande à Michel de le faire descendre.

> « Merci Michel de m'avoir porté, je peux continuer à marcher maintenant. »

Le jour se lève derrière nous, le ciel s'enflamme de toutes les couleurs, nous sommes sauvés. Les loups ne nous ont pas mangés, et Santiago est comme neuf. Il donne la main à Michel et tous les deux jouent. Quelle belle image que celle de ces deux extrémités de la vie réunies sur un même chemin de terre blanche. Tous deux, à leur niveau, aidés de leur bâton, avancent main dans la main. Merci, Michel, merci d'être ce soir le père que je n'ai pas eu et le grand-père que Santiago voit en toi.

“Le destin fait bien les choses, il n’y a pas de hasard.
Nos anges nous protègent de nous-mêmes et nous jouent quelques farces qu’il faut apprendre à lire en nous guidant vers d’autres chemins.”

“ *Marc-Antoine, s'il te plaît, je te demande de nous protéger et de nous donner de la force quand on sera fatigué. Accompagne-nous dans notre pèlerinage à Compostelle. Tu sais, je vais devenir un petit homme, c'est très important pour moi de réussir. Tu aurais dû faire attention, tu n'aurais pas dû descendre faire pipi sans Velours. Il faudra que tu sois plus prudent la prochaine fois. Peux-tu demander à Dieu de ne pas nous abandonner ? Maintenant que tu es près de lui, tu peux lui dire qu'il nous éloigne des ravins et qu'il nous guide sur notre chemin. Je suis désolé que tu sois mort et je suis désolé pour ta famille, mais Dieu est gentil, il va consoler ta femme et tes enfants. Merci Marc-Antoine de nous accompagner, et je penserai à toi en faisant le Chemin. J'aimerais savoir comment est ta nouvelle maison dans les nuages, mais je pense que tu ne peux pas me le dire, une fois là-haut on n'est pas censé parler à ceux d'en bas. Maman et moi allons marcher en ton nom et pour toi. Maman aussi est très triste, mais elle dit que maintenant tu vis dans son cœur. Amen.* ”

En sortant de l'auberge, après un bon petit déjeuner, Santiago recommence inexorablement, avec la même demande depuis deux jours.

- Maman, je veux porter un aigle.
- Un aigle ? Là, tout de suite ? Où est-ce que tu veux que je trouve un aigle, Santiago ? Arrête, s'il te plaît, on vient de commencer la journée. Je t'ai déjà dit que l'on ne porte pas un aigle comme ça et qu'il n'y en a pas à tous les coins de rue.
- Non, pas toi, le Chemin. Tu dis que le Chemin te donne ce dont tu as besoin, eh bien moi j'ai besoin d'un aigle ! Je veux porter un aigle !
- Oui, mais entre ce dont tu crois avoir besoin et ce dont tu as vraiment besoin, parfois il y a un monde ! Non ?
- Maman, tu ne peux pas faire simple pour une fois ? Tu n'es pas obligée d'être toujours compliquée...

Ce qu'il m'agace quand il me reprend à juste titre ! Surtout le matin...

- Je veux juste porter un aigle, et oui c'est important pour moi, alors le Chemin le sait et il me le donnera ! Tu verras...

Pendant deux jours, nuit et jour, Santiago me fatigue avec son histoire d'aigle.

- Pense ce que tu veux. Tu verras, je vais porter un aigle.

Heureusement que les autres sont là pour m'assurer que je ne perds pas complètement la tête.

- Je vais porter un aigle !
- Oui, OK Santiago, on a compris.

Même s'il m'agace, Santiago m'épate, il a compris le sens du Chemin, et me le prouve à chaque fois. Il est précis et juste dans ses réflexions. Ce n'est pas une leçon qu'il me récite. Il vit ses actes et agit en conscience. Nous entrons dans El Ganso, et Hugo, un de nos compagnons de route, est là. Est-ce une hallucination ? Santiago hurle, saute, danse, il n'y croit pas lui-même. Hugo est abasourdi. Là, devant nous, un « templier » avec une grande épée, une armure, un gant de fauconnier et un aigle, un vrai, un grand. Un aigle royal marron aux ailes dorées. Moi-même, qui suis « habituée » au Chemin, je n'y crois pas. Santiago n'a plus de bride, il court dans tous les sens, le Chemin a entendu sa demande. Le Chemin l'a écouté. Lui a réussi à demander quelque chose qui était juste pour lui. Il se met tout à côté du fauconnier. Il n'a pas peur d'aller l'aborder. Il n'a même plus envie de se cacher de sa maman. Il lui parle directement en espagnol, lui racontant son voyage, son chemin et son envie secrète. La demande qu'il a faite au Chemin. L'homme le regarde et l'écoute avec attention et bienveillance. Son armure est argentée et son écusson arbore un lion avec une couronne. Il est installé sous un chapiteau de la couleur de ses emblèmes. Rouge et jaune. Tout le monde est là et assiste à la consécration de sa persévérance. Le « templier » passe le gant de fauconnier à Santiago et lui place son aigle sur le bras. Il est heureux, mais l'aigle est tellement lourd que le fauconnier doit l'aider à le porter. Santiago aura même le temps d'embrasser l'aigle et de poser pour une photo. En tant que pèlerin exceptionnel il a droit à un tampon exceptionnel, coulé à la cire, comme à l'époque des chevaliers. Cette année, un aveugle et un handicapé auront eu ce même tampon.

> « Maman, tu vois, je savais que le Chemin allait me le donner, je l'ai demandé avec le cœur, c'était une demande juste et il m'a écouté ! »

Nous sommes le 21 juillet, Leandro, mon second fils, est né il y a deux ans jour pour jour, à 15 h 36 exactement. Nous arrivons à Foncebadón, et j'ai vraiment l'impression de marcher à côté de mon corps. Je suis épuisée. Santiago, lui, est heureux et je ne laisse rien transparaître. Je ne peux pas le priver de la fin de son chemin. Dans la montée vers Foncebadón, j'ai failli m'évanouir à deux reprises.

- Santiago, ça y est, on y arrive, demain nous passerons par la Cruz de Ferro. Une étape très importante sur le Chemin. Tu pourras y déposer ta pierre.
- Maman, l'important c'est le présent, pas demain. Profite de ce que la vie te donne aujourd'hui.
- Ah bon ? Quoi, par exemple ?
- Les nuages, les arbres, l'ombre au soleil, le vent. Tout ce qui nous entoure. Demain n'existe pas.

Je suis loin, tellement loin de Leandro. À deux doigts de tomber dans les pommes, je n'ai pas le choix, il va falloir que j'aille à l'hôpital. Je n'ai plus aucune force. Mais comment vais-je faire avec Santiago, je ne peux pas le laisser tout seul au milieu de nulle part ! Il doit passer la Cruz de Ferro. C'est son chemin. Gran Zapato, Françoise et les autres pèlerins me proposent de marcher demain avec lui. Ce n'est tout de même pas évident de laisser son fils comme ça, tout seul au milieu de la montagne, avec des gens que l'on ne connaît que depuis deux semaines. Il faut que je sois raisonnable et que je parte à l'hôpital. Mais quelle est la raison de tout ça ? Pourquoi suis-je malade ?

- Maman, écoute-moi. Je sais que tu veux tout le temps avoir raison, mais là il faut que tu te reposes.

Il prend encore une fois mon visage entre ses deux petites mains et me parle en me regardant dans les yeux.

> « C'est mon épreuve, c'est ici, à la Cruz de Ferro, que je vais devenir un petit homme. Tu dis toujours que le Chemin te donne ce dont tu as besoin, alors accepte que je doive continuer seul ! »

Quel parent laisserait son enfant comme ça, à des inconnus au bout de la terre, sur une montagne ? Après avoir retourné le problème dans tous les sens, je décide de prendre un taxi et de partir.

Cruz de Ferro - 772,8 km

Après mon départ, ils sont tous allés à une bénédiction du pèlerin. Ils se sont fait symboliquement laver un pied comme les pèlerins de l'époque.
Il a suffi que je m'éloigne et que je laisse Santiago devenir un petit homme pour que lui soit offerte cette cérémonie. Signe encore manifeste que le Chemin a sa propre volonté, sa propre loi, que nous ne pourrons jamais percer. Il fallait qu'il le vive seul, par lui-même et sans sa mère.
En avant toute, l'expédition part vers la Cruz de Ferro, où Santiago pourra déposer ce petit caillou que nous avons ramassé ensemble dans la forêt de Fontainebleau.
Qui nous aurait dit, à ce moment-là, que je ne serais pas avec lui pour y déposer nos intentions.

GALICIA
Camino de Santiago
DIPUTACION PROVINCIAL LUGO

- Maman, c'est quoi le plus beau cadeau du monde ?
- L'amour ?
- Non, l'amour, ça fait mal.
- Ça fait mal ?
- Oui, quand tu changes d'école ou que tu ne vois plus la personne que tu aimes, c'est moche. C'est mieux que ça maman, fais un effort.
- Les jeux vidéo ?
- Non, maman, arrête, je te parle sérieusement.

- Tiens donc ! Je ne sais pas alors, dis-moi, comme si tu n'étais pas accro aux jeux vidéo !
- L'amitié de soi-même.
- Hummm ! OK, ça veut dire quoi, au juste ?
- Eh bien, même quand tu n'as plus de jeu vidéo, de pile ou d'autre jeu, si tu n'as plus d'amis ou même quand tu es tout seul au milieu de nulle part, eh bien tu peux encore jouer avec toi-même et avec ton imagination.

“ *Vive le ven…*
Vive le ven…
Vive le vendredi !
C’est fini…
l’école pourrie,
on va se casser d’ici ! HEY !!! ”

Faire le chemin te permet de voir, de toucher du doigt la vie à laquelle tu es promis si tu es attentif à tes sensations, à ton être intérieur, mais aussi à tout ce qui t'entoure. Comme disent les Indiens, chaque réveil le matin est une nouvelle vie, et c'est à toi d'en faire ce que tu veux. Même dans les plus grandes difficultés.

La spiritualité est une véritable discipline, un combat perpétuel avec soi-même. Une épreuve dans chaque rencontre, dans chaque acte, dans chaque décision, et plus on a l'impression d'évoluer plus on se sent perdu et loin de la vérité. Parce que la vérité est multipliée par le nombre de vies et d'âmes présentes sur terre.

THE FELLOWSHIP OF THE CAMINO

8,1 Km
KILDEVAND
Camiño
de

La Galice c'est le cadeau, l'ultime lieu après la tempête, je comprends que les Celtes y aient élu domicile. Plus nous nous approchons de Santiago, plus les arbres débordent de photos, de messages, de croix, on a l'impression de léviter sur ces derniers kilomètres. Les paysages s'enchaînent et nous sommes pris par l'angoisse et la joie d'arriver.

“Maman, je ne veux pas grandir,
je ne veux pas devenir un petit homme.”

Je reçois cette déclaration avec amour et tendresse mais aussi comme un poignard dans le cœur. Je m'arrête et me penche vers lui :

- Qu'y a-t-il, mon chéri ?
- Que se passera-t-il si je n'arrive pas à prendre les bonnes décisions, si je me trompe sur mon chemin ? Maintenant je suis petit et tu es toujours là pour m'aider et m'accompagner. J'ai peur de me tromper.

Santiago de Compostela – 1 020 km

- Tout le monde peut se tromper, et puis tu ne vas pas habiter demain tout seul dans un appartement, tu as encore le temps de grandir, tu n'as que sept ans. En plus, je t'accompagnerai et serai toujours là pour te conseiller, mais arrivera un moment où tu ne voudras plus de mes conseils. Tu voudras voler de tes propres ailes. Il ne faut pas t'angoisser, c'est la vie, elle avance et tu dois juste te dire que tes décisions seront toujours les bonnes. C'est comme sur le chemin, parfois on se trompe de route, comme l'autre jour, mais le soir on se retrouve tous ensemble. Tu comprends ?
- Oui, mais j'ai peur.
- C'est normal d'avoir peur, moi aussi j'ai peur quand je prends un nouveau chemin. Tout va bien, tu es un petit homme courageux, intelligent, perspicace. Je sais que tu prendras toujours les bonnes décisions. D'accord ?
- Oui, maman.

quant tu arriveras à saint Jacques
tu auras le temps de regarder la cathédrale
SATIAGO 2104

The Way of The Family
He aprendido que cuando crees que ya no puedes seguir caminando siempre se puede dar un paso
"AL FINAL DEL CAMINO SOLO ES LO QUE TÚ TE LLEVAS DE ÉL"
Lorsque tu brilles pour de vrai, personne ne peut t'éteindre
PALESTINA
LEES UNA PÁGINA (S. Agustín)
ALMERÍA 2014
ONE LIVE ONE LOVE

Santiago de Compostela – 1 025,10 km

- Chéri, on est arrivé !
- Quoi ? déjà ? Je pensais que c'était plus loin, mille kilomètres, je ne les ai pas vus passer.
- Oui, ça y est, tu es un petit homme, tu as réussi. Tu as marché jusqu'à Compostelle. Plus de mille kilomètres, et certainement plus d'un million cinq cent mille pas selon mon calcul. Tu es un champion. À partir de maintenant, rien, mais vraiment rien ne sera impossible pour toi. Tout est à ta portée, tu pourras être ce que tu veux dans la vie.

Dans la cathédrale, tout le monde salue Santiago. Nous retrouvons beaucoup de pèlerins qui ont croisé notre chemin.

> « 42 jours de marche ; 42 jours d'aventures, de paysages, de joies et de douleurs… ça fait beaucoup pour une maman et son petit homme. »

C'est en sortant de la cathédrale en bas des escaliers que je demande à Santiago de remonter pour faire une dernière photo. Il ronchonne mais s'exécute. Il fait le malin, il pavane, il n'a même pas vu que son papa était juste à côté de lui. Je n'oublierai jamais son visage.

- Au revoir, mon amour, je t'aime.
- Au revoir, maman, tu prends soin de toi ? Tu pourras embrasser mon petit bébé pour moi ? Dis à Leandro que je l'aime et qu'il me manque. Tu lui diras aussi que son grand frère a réussi et que maintenant il est un petit homme.
- Oui, prends soin de toi aussi. Et souviens-toi que, comme tu le dis, maintenant tu es un petit homme, tu es responsable de toi-même. Tu connais mon numéro par cœur, alors n'hésite pas à m'appeler si tu as besoin de moi, je suis là. Va au bout de la terre et brûle tes affaires. Envole-toi et montre à ton papa que tu es le plus grand des petits hommes. Il sera fier de toi.

Au bout de la terre avec papa…

Ce matin, on s'est levé très tôt. C'est moi qui me suis levé le premier. Maman n'est plus là, c'est bizarre quand même. J'ai offert des pêches à Gran Zapato et Françoise et les autres, que mon *buelo* a cueillies à Piles.

Oui, maman a réservé un lit pour nous avec eux. De mon chemin au bout de la terre, je ne me souviens pas de grand-chose, juste que l'on a marché. Enfin — au début j'ai eu un peu honte mais je l'ai quand même avoué à maman — le deuxième jour nous avons pris le bus. Papa avait mal aux pieds. Et puis il fallait ramener la voiture à tonton Antonio qui devait partir avec tata Ixele. Ça m'a fait drôle de prendre un bus au début, mais après ça m'a fait du bien aux pieds. J'ai quand même marché mille deux cents kilomètres. Ce n'est pas très grave, je crois. J'étais très fier de montrer à papa les règles du Chemin, les règles du pèlerin. En plus, on a croisé plein de gens que je connaissais, alors papa était drôlement impressionné. Je ne passe pas beaucoup de temps avec mon papa, alors cette aventure-là, je m'en souviendrai.

Nous avons mangé des pizzas, parlé de petit homme à homme. Nous avons aussi joué. Nous avons beaucoup marché à côté des voitures. Lui, il avait choisi blanc et vert et moi noir et bleu. Un point pour chaque voiture. C'est moi qui ai gagné. J'ai aussi pensé à notre famille du *Camino* pendant le coucher de soleil, Gran Zapato et Françoise, Cochon et Croche de fougère. Sergio me manque. Papa n'avait pas le temps de brûler mes affaires, alors je le ferai à Piles, à côté de la plage, avant de rentrer en France. Quand je suis arrivé à Piles, tout le monde m'attendait comme un héros.

« Je ne sais pas ce que c'est que d'être vraiment un héros, mais je sais que maintenant tout est possible, il faut juste vouloir les choses et travailler fort pour les avoir. »

J'aime ma maman. Ma maman, elle est forte. Je reviendrai faire le chemin avec mes enfants pour qu'ils deviennent des petits hommes ou des petites femmes. D'ailleurs, est-ce que les femmes deviennent des petites femmes ? Je n'ai jamais demandé à maman si elle avait fait son passage de petite femme. J'ai appris sur le Chemin que mon corps pouvait me faire mal et qu'il fallait que j'en prenne soin. J'ai appris que chaque chose que l'on fait dans la vie a une conséquence et que tout est relié. J'ai appris que partager c'est mieux que d'avoir. J'ai appris que dans la vie tout est possible. J'ai appris que mon meilleur ami, c'est moi et mon imagination. Je ne sais pas si maman sera en colère pour le bus, mais de toute façon c'est mon chemin et je l'ai fait avec papa, alors il me convient et c'est le plus important, non ?

21 juin 2015
Un an après, au retour de l'école…

“Maman, tu m'accompagnes au bout de la terre ?”

- Comment ça, au bout de la terre ?
- Eh bien à Fisterra, pour brûler mes affaires. Je ne l'ai pas fait avec papa et j'ai envie de voir le soleil mourir avec toi. C'est toi qui m'as accompagné sur mon chemin de petit homme. Maintenant il s'est passé presque un an et je suis un petit homme, alors j'ai juste envie de partager ce moment avec toi.
- Je ne vais pas recommencer tout le chemin.
- Moi non plus, t'inquiète… Juste Compostelle-Fisterra.
- Hummmm… D'accord ! Tout prétexte est bon pour reprendre le chemin.

- Pourquoi je n'ai pas le droit d'avoir un portable maintenant que je suis un petit homme ?
- Parce que tu n'as pas encore appris l'art de communiquer !

- Santiago, tu t'ennuies ?
- Non, je m'interroge.
- Tu t'interroges sur quoi ?
- Sur le sens de la vie ? Pourquoi nous sommes ici ?
- Ah bon ? Vaste sujet ! En même temps tu n'as que huit ans… Tu as le temps.
- Oui, mais c'est important, non ? Et puis, qui sait combien de temps ?
- Ça dépend, tous le monde ne se pose pas les mêmes questions. Mais, qu'est-ce que tu en penses alors ?
- Je pense que l'on est sur terre pour être heureux.
- Mais, est-ce que l'on apprend beaucoup de choses si on est tout le temps heureux ?
- Mais, est-ce que l'on est forcement là pour apprendre ? Et puis, c'est important que des gens ratent leurs études ou ne soient pas bons à l'école. Sinon, il n'y aurait pas d'éboueurs.
- Tu veux dire que les éboueurs sont bêtes, ou en tout cas pas très doués pour apprendre ?
- Non, je me suis mal exprimé. Je voulais juste dire que tout le monde est important sur terre. Que chaque petite personne ou grande personnalité fait partie du grand tout. Nous avons tous notre place et notre utilité. Que deviendrait la ville si personne ne ramassait les poubelles ?

“Nous avons tous notre importance, et parfois on ne sait pas ce que nous réserve le chemin…”

- Oui mon chéri, tu as raison, et ce que nous avons à apprendre ne passe pas toujours par les mêmes formes d'apprentissage. Le métier ou la richesse matérielle d'une personne ne détermine pas ce qu'elle est profondément, ni la richesse qu'elle porte en elle.
- En plus il n'y a pas que l'intelligence de la tête, il y a aussi celle du cœur…
- Oui, mon amour !

- Maman, est-ce que tu penses que je pourrai accomplir tout ce que je souhaite dans cette vie ?
- Oui je le pense, mais d'abord il faut que tu apprennes à tomber. Puis, à te relever.

Cabo Fisterra – 1 117,8 km

Mon cher Santiago,

Voilà, nous sommes arrivés au bout de la terre, et j'ai le cœur gros. Je me dis qu'il aurait peut-être fallu faire plus comme ci ou comme ça. Aller moins vite, t'écouter plus, jouer encore plus. J'ai appris à te connaître durant ces 1 200 kilomètres. Finalement, toi et moi, on ne se connaissait pas tant que ça. Je n'ai pas toujours eu l'impression d'être une super maman, et toi parfois tu as eu l'impression d'être rebelle et de ne pas m'écouter, mais c'est comme ça, la vie. En tout cas, je la découvre en même temps que toi, avec quelques années de plus. Je veux que tu te souviennes que j'ai toujours fait de mon mieux, et j'ai vraiment essayé d'être là pour toi. Parfois on ne se comprend pas, mais c'est comme une étape de 30 kilomètres sous le soleil, à 40 °C. C'est difficile, on se renferme pour ne pas subir la chaleur extrême, mais finalement pas à pas, et l'un à côté de l'autre, on arrive à notre gîte pour prendre du repos et repartir le jour d'après. Bientôt tu grandiras, et maman sera un vieux machin qui ne comprend rien à rien. J'espère que tu te souviendras que c'est dans les plus vieux arbres que les alchimistes se cachent, et que c'est sous les plus vieilles pierres que la terre nous réserve ses trésors. Alors, mon amour, vole et libère-toi de toute attache pour vivre ta vie pleinement. Maman sera toujours là, même quand je ne serai plus là. Dans quelques années, tu partiras pour ton dernier passage de l'enfance à l'âge adulte, ton passage d'homme. Tu devras choisir une aventure pour laquelle tu partiras seul alors…

Buen Camino, Peregrino de la vida…

Je t'aime

Maman

© Daniela Abdo

– Santiago, dis-moi ce que le chemin t'a appris.
– Maman, arrête de me poser cette question.
Je ne peux plus te répondre maintenant.
Pourquoi ? Qu'est-ce qu'il y a encore ?

“Parce que le Chemin, c'est la vie. Et moi je n'ai que huit ans.
Je ne suis qu'au début de ma vie.”

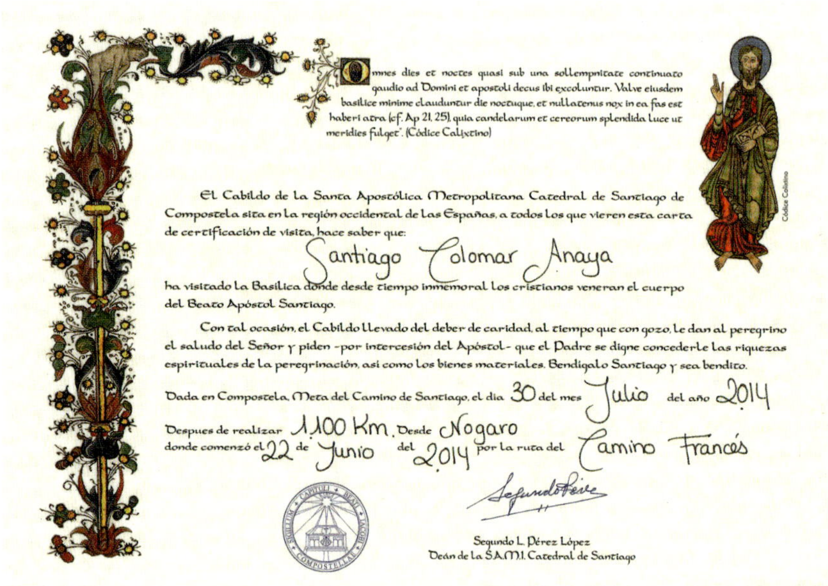

Omnes dies et noctes quasi sub una sollempnitate continuato gaudio ad Domini et apostoli decus ibi excoluntur. Valve eiusdem basilice minime clauduntur die noctuque, et nullatenus nox in ea fas est haberi atra (cf. Ap 21, 25), quia candelarum et cereorum splendida luce ut meridies fulget". (Códice Calixtino)

El Cabildo de la Santa Apostólica Metropolitana Catedral de Santiago de Compostela sita en la región occidental de las Españas, a todos los que vieren esta carta de certificación de visita, hace saber que:

Santiago Colomar Anaya

ha visitado la Basilica donde desde tiempo inmemoral los cristianos veneran el cuerpo del Beato Apóstol Santiago.

Con tal ocasión, el Cabildo llevado del deber de caridad, al tiempo que con gozo, le dan al peregrino el saludo del Señor y piden -por intercesión del Apóstol- que el Padre se digne concederle las riquezas espirituales de la peregrinación, asi como los bienes materiales. Bendigalo Santiago y sea bendito.

Dada en Compostela, Meta del Camino de Santiago, el dia 30 del mes Julio del año 2014

Despues de realizar 1.100 Km. Desde Nogaro donde comenzó el 22 de Junio del 2014 por la ruta del Camino Francés

Segundo L. Pérez López
Deán de la S.A.M.I. Catedral de Santiago

Capitulum hujus Almae Apostolicae et Metropolitanae Ecclesiae Compostellanae sigilli Altaris Beati Jacobi Apostoli custos, ut omnibus Fidelibus et Peregrinis ex toto terrarum Orbe, devotionis affectu vel voti causa, ad limina Apostoli Nostri Hispaniarum Patroni ac Tutelaris SANCTI JACOBI convenientibus, authenticas visitationis litteras expediat, omnibus et singulis praesentes inspecturis, notum facit: Dnum.

Jacobum Colomar Anaya

hoc sacratissimum Templum perfecto utique pedibus sive equitando itinere postrema centum millia metrorum, birota vero ducentorum, pietatis causa devote visitasse. In quorum fidem praesentes litteras, sigillo ejusdem Sanctae Ecclesiae munitas, ei confero.

Datum Compostellae die 30 mensis Julii anno Dni 2014

Segundo L. Pérez López
Deán de la S.A.M.I. Catedral de Santiago

Compostela de Santiago
(certificat de pèlerinage).

Credencial de Santiago
(passeport du pèlerin).

Remerciements

Santiago souhaiterait avant tout autre chose remercier Marc-Antoine de nous avoir protégés et accompagnés tout au long de notre pèlerinage, et je me joins à lui. Je voudrais remercier tous nos anges du Camino. Ceux qui ont fait que notre aventure a été possible et que nous sommes allés jusqu'au bout du bout : Michel « Gran Zapato », Françoise « Mme de Sévigné », Serge « El Faro », Alain « Croche de fougère », Cristina « La Princesa a los pies desnudos », Hugo « El Druida », Delphine et Jérôme, Jacques « Le géant aux yeux turquoise », Daniela et Ady, Diabolo, la famille basque au Nutella et tous les autres. Je voudrais remercier Éric Bertin qui, par son grand cœur et sa générosité, m'a permis d'entreprendre ce voyage l'esprit tranquille.
Je voudrais doublement remercier Jonathan Jouanno, qui a tout de suite cru en notre projet.
Je voudrais remercier Santiago pour m'avoir permis de grandir et de dépasser certaines peurs.
Je voudrais remercier mes pieds qui, une fois de plus, m'ont emmenée à bon port !

https://www.facebook.com/celine.anayagautier

Une petite pensée à tous ceux qui ont douté de nous… Nous y sommes arrivés !

Je voudrais remercier Florence Lécuyer pour sa grande âme et son engagement sur ce projet.
Je voudrais aussi remercier Jeanne Castoriano, mon éditrice, et Nathalie Voyer, fabricante, pour leur accompagnement et leur patience dans la production de ce livre.
Je voudrais encore remercier Valérie Gautier, directrice artistique des éditions de La Martinière, pour la justesse de son regard sur mon travail.
Enfin, je voudrais particulièrement remercier Jean-Pierre Saint-Pol, qui a pris le temps de m'accompagner sur la colorimétrie de mes images pour qu'elle soit au plus près de ma vision.

Merci de tout cœur !

Département éditorial Art de vie

Les textes sont extraits de l'ouvrage *Dis maman, c'est encore loin Compostelle ?*, publié par l'auteur chez Le Passeur Éditeur,
© 2015, Le Passeur

Connectez-vous sur :
www.editionsdelamartiniere.fr
facebook.com/editionsdelamartiniere.fr

Conception graphique : Bianca Marvin

ISBN : 978-2-7324-7404-5

Achevé d'imprimer en mars 2016
sur les presses de Leporello
Dépôt légal : avril 2016
Imprimé en U.E

Olveiroa
Pedrouzo
Arzúa
Palas de Rei
Cabo
Fisterra
Negreira
Santiago de
Compostela
Portomarín
Sarria
Fonfría
Pereje
Ponferrada
Villadangos
del Páramo
Foncebadón
Murias
de Rechivaldo
El Burgo
Ranero